孩子也能懂的前沿科技

超燃新科技

大视野科普
易乐文 | 著绘

元宇宙

U0754971

CnS
PUBLISHING & MEDIA
中南出版传媒

湖南少年儿童出版社·长沙
HUNAN JUVENILE & CHILDREN'S PUBLISHING HOUSE

搞定一关又一关，迈向更高阶！

我是和大家一样朝气蓬勃的新时代少年！

我是带领你们迈向更高阶的神秘存在！

第一关

什么是元宇宙？元宇宙必然出现的原因是什么？

考察

从历史和文化的角度考察元宇宙，了解现阶段元宇宙的发展方向。

第二关

全球企业纷纷涉足元宇宙相关业务的原因是什么？

了解各个企业针对元宇宙的战略、在元宇宙领域取得成功的必要条件以及元宇宙将带来怎样的经济效益。

经济

"更高阶"是什么意思？
这意味着"不可比拟的，更好、更先进的……"
换句话说，就是更高的一个层次！
与书中的"我"一起，完成基础关，
迈向元宇宙的更高阶吧！

第三关

元宇宙的发展将
如何且多大程度地
改变我们的生活和
社会？

未来

　　了解元宇宙
顺利运行所需要
发展的各项技术。
想象自己在未来
元宇宙发达的社
会中的生活。

第四关

元宇宙的发展
将带来哪些新的问
题？提前了解问
题所在，就能提
前着手寻找解
决问题的办法。

　　在这一阶段，我们
将整理元宇宙的发展带
来的问题，并寻找合适
的解决办法。

问题

目 录

开启新世界

1999 年在美国首映并大受欢迎的电影《黑客帝国》向人们展示了计算机创造的与现实一模一样的虚拟世界。在这个世界里，人们的生活跟现实并无二样。类似的主题在科幻电影中早已是老生常谈，但从未像这一次给人们带来如此巨大的震撼和真实感。这是因为随着计算机的飞速发展，人们的想法发生了变化，我们逐渐相信这样的技术真的能超越想象，变成现实。

事实上，我们生活的世界是一种幻影的观点早在数千年前就存在——整个宇宙不过是"神"的漫长梦境，我们看到的只是幻影，而真正的现实世界另有所在。这样的想法在人类的脑海中反复出现。

人类之所以会有这样的想法产生，是因为人类意识到自己的感觉和认知存在局限，迫切希望在现实之外的更高层次的地方寻找更加真切和充实的世界。但是现在，人类已经开始掌握创造这种世界的能力。当然，这种能力还不够完美，不过人类已经创建了与现实不同形态和结构的替代性世界，许多人将一起在新创建的世界里度过自己的第二人生。我们将这个世界称为"元宇宙"。

元宇宙的创建和运行需要用到各种各样的技术，比如用到智能穿戴设备、人工智能技术，甚至还需要用到脑科学研究。与此同时，为了迎接这个新世界，社会学和人文学的考察也是必不可少的。元宇宙中的经济和政治秩序与现实世界同等重要，但这两者间又有诸多不同，因此在元宇宙中创建稳定的新秩序有很大难度。

元宇宙已经在现实生活中占有较大的比重，是时候走进元宇宙这个虚拟世界了。

希望这本书能帮助大家走好这条漫长而曲折的道路。

不知从何时开始，元宇宙这个词变得熟悉。

因为到处都能听到元宇宙。

虽然大家都知道元宇宙这个名称，但谁要是真被问起来什么是元宇宙，大概也很难快速给出回答吧。

那么元宇宙到底是什么呢？

元宇宙会不会来呢？

现在就让我们去寻找这个问题的答案。

元宇宙会不会来?

元宇宙来还是不来？

元宇宙

它来了！

元宇宙？

你没看过《头号玩家》吗？

史蒂文·斯皮尔伯格导演的电影？我看过，当然看过！

© 华纳兄弟娱乐公司

电影里有一个很酷的虚拟世界，叫作"绿洲"，那就是元宇宙。

我知道，我知道！里面是不是有很多虚拟化身？人们只要戴上特殊的眼镜和手套，然后将其连接电脑，就能感受到化身感受到的一切！

所以，元宇宙是电影里展现的那样吗？

在哪里，哪里？我也去看看！

元宇宙中的演出

听说元宇宙中有演出，我才兴致勃勃地跑来。不过这和直接在手机里看视频有什么不一样吗？除了我的虚拟化身出现在了画面里，也没什么特别的。

戴上这些装备试试！

啊，原来是因为我没有穿戴装备啊！没错儿，《头号玩家》电影里面的人物要进入元宇宙也是需要穿戴装备的！

这就是元宇宙？也不过如此嘛。这和游戏有什么区别？还不如游戏呢，游戏生动多了！

怎么想是你的自由！我只能告诉你很多人都认为元宇宙要来了！

元宇宙要来了！

英伟达首席执行官
黄仁勋

英伟达
它最初是设计电脑显卡的半导体公司，目前主要生产用于人工智能学习的半导体产品。我们使用的大部分显卡和人工智能相关半导体产品都是英伟达生产的。

都在说元宇宙来了，那我怎么看不到它？它到底是什么呀？

别急，我先告诉你什么是元宇宙，你再来判断元宇宙来还是没来。

Metaverse

元宇宙号

好的，让我们坐上元宇宙号去一探究竟吧！

什么是元宇宙?

元宇宙,你应该至少听说过一次吧!

但是并没有多少人确切知道它是什么。为什么呢?

因为元宇宙是在我们猝不及防的情况下进入我们的生活的。

2019 年底,新型冠状病毒感染在全球蔓延。

人们不得不减少会面,尽可能待在家中。

但人是社会性动物,需要见面,需要沟通和交流情感才能生存。

于是,人们开始进行非面对面的交流。

人们通过社交媒体互致问候，通过视频展示自己的近况，通过视频聊天软件进行在线会面。

然后，人们又把目光投向了一个新的地方。

没错，就是虚拟空间和虚拟化身。

人们在互联网上创建虚拟空间和虚拟化身，并通过虚拟化身在虚拟空间进行社会生活。

人们和老朋友叙旧，结交新朋友，一起玩耍。

人们一边购物，一边把自己的物品卖出去。

因为新型冠状病毒感染的肆虐，这些事情在现实中都不太方便完成。

企业在虚拟空间进行新员工培训，学校则举行了由虚拟化身参与的虚拟入学典礼，不能线下演出的明星们也在虚拟空间演出。

这个虚拟现实的世界就是元宇宙。

元宇宙（Metaverse）

= 元（Meta）+ 宇宙（Universe）

虚拟　　+　　　　世界

事实上，元宇宙这个词最早出现在 1992 年尼尔·斯蒂芬森创作的小说《雪崩》中。

没想到已经这么久了吧？

但是只有感兴趣的人读过这本书，所以知道元宇宙的人不多。

直到 2018 年，史蒂文·斯皮尔伯格导演的电影《头号玩家》横空出世，元宇宙这个名词才开始流行起来。

这部电影是根据 2015 年发行的同名小说改编的，相信你看完电影马上就能理解元宇宙是怎样的世界！

© 华纳兄弟娱乐公司

电影中的一个场景

电影《头号玩家》提到的元宇宙中不仅有学校、购物中心、俱乐部等现实中存在的场所，还有魔法世界、想象世界等现实中没有的想象空间。主人公戴上特殊的眼镜和手套就能进入元宇宙。在那里，主人公的虚拟化身和主人公一样能说话和行动。

这部电影中的"绿洲"由许多行星组成，它也是一种元宇宙。

这些行星中有像学校一样真实存在的场所，也有像魔法世界、电影世界、游戏世界一样的想象空间。

电影中的行星

能够真实体验赛车游戏的行星。

不仅可以看电影，还可以直接进入电影的行星。

通过虚拟化身可以拥有魔法师的本领的行星。

能让时光倒流，让用户见到现实中已故的人的行星。

© 华纳兄弟娱乐公司

电影中的"绿洲"是将现实和想象创建到互联网这一虚拟空间的元宇宙。

和电影中的元宇宙相比，新型冠状病毒感染蔓延期间我们创建的元宇宙是多么简陋啊！

有一部分人认为元宇宙是小孩子玩的游戏网站，只不过其中的游戏比普通的网络游戏更具真实感而已。

但事实真是如此吗？

你知道吗？ 2021 年，脸书公司把公司名更为"元"。他们用"元"这个名字的灵感正是来自元宇宙。

脸书公司通过更改公司名称明确表明其今后把研发重点放在元宇宙上的意志。

不仅是脸书公司，英伟达、微软、谷歌等世界级企业也把企业的未来寄托在与元宇宙相关的业务上。

世界级企业将工作重心向元宇宙倾斜，预示着元宇宙时代肯定会到来。

而且，从人类的历史发展来看，元宇宙时代必然会来。

史前时代也有
元宇宙吗?

许多学者表示,元宇宙的概念在史前时代就出现过。这是什么意思呢?

想一想原始人在阿尔塔米拉洞窟和拉斯科岩洞留下的壁画吧。

这些壁画据推测绘制于 1 万年前,壁画中描绘了许多原始人狩猎的情景。

拉斯科岩洞壁画

壁画位于法国多尔多涅省蒙蒂尼亚克附近的韦泽尔山谷的悬崖顶上。

学者认为，这些画中蕴含了原始人的期望。

换句话说，反映了人类当时想象中的世界。

原始人是怀抱什么样的期待进行想象的呢？

他们希望能够安全地捕获大量猎物，因为对于他们来说，生存是最紧迫的问题。

因此，他们画中的禽兽温驯、巨大且数量众多，画中的人们正轻松地捕捉这些猎物。但现实与壁画反映的情形截然不同。

如果你观看展示亚马孙原住民生活的纪录片你就会知道，狩猎是多么困难。

哦不，应该说，原始人在大自然中生存是多么困难且艰辛！

于是原始人使出了浑身的技艺，把美好的愿望和想象的内容绘制在洞穴墙壁和岩石上。

原始人利用高超的技法将他们的愿望和想象的内容转移到洞穴墙壁上而形成一种虚拟世界。

在那之后，人类利用自身拥有的各项技术，将头脑中的想象变成了现实。

他们通过语言、文字和印刷术，创造了诸如神话、传说等形式多样的虚拟世界，并将它们流传至今。

人类创造的另一个虚拟世界

这是我们熟知的童话故事《彼得潘》。这个故事中创造了一个名为梦幻岛的虚拟世界。

人们利用花窗玻璃工艺和建筑工程技术，建造了神庙、教会和寺院，将人们精神层面的一些构想融入我们生活的现实空间。

藏在教堂建筑里的元宇宙
这是梵蒂冈圣彼得大教堂的天花板。

　　随着影像技术的发展，人类创造了另一种承载虚拟世界的媒介——电影。

　　那么未来呢？

　　如果使用最先进的技术将我们的想象变成现实，我们又会在哪里、又会创造出什么呢？

世界著名社会学家曼纽尔·卡斯特尔这样说道：

文化是以沟通为媒介而实现传播的。

因此，文化——我们的信仰和准则体系——将发生根本性的转变，而随着时间的推移，新的技术体系将加速这一转变过程。

曼纽尔·卡斯特尔《网络社会的崛起》

我们是通过什么来沟通的？

这种沟通方式给文化带来了怎样的变化？

对现有文化影响最大的技术是什么？

如果你思考这些问题的答案，你就会发现，能够尽情发挥我们的想象的地方，不正是互联网这个虚拟空间吗？

在这个空间创建出的虚拟世界，正是我们现在谈论的元宇宙。

而且随着技术的发展，元宇宙将带来更接近真实的体验。

以假乱真的元宇宙技术

元宇宙是在互联网这个虚拟空间中创建的，如何做才能让我们感觉它更真实呢？让元宇宙接近真实的关键正是技术。

许多公司正在开发一种使我们在元宇宙中看到、听到和触摸到的一切都与在现实中的感受一样的技术产品。

最具代表性的就是头戴式显示器（Head-Mounted Display，简称 HMD）。

只要像戴滑雪镜一样戴上 HMD，虚拟现实（Virtual Reality，简称 VR）就会呈现在你眼前。

简单理解的话，VR 是一种提供多种感官体验，让我们在网络空间有更贴近真实感受的技术。

通常 HMD 是用液晶面板和内置凸透镜制成的。

在两块液晶面板上播放不同视角的影像，由此产生立体效果，然后再由凸透镜将其放大，使播放的影像看起来更真实。

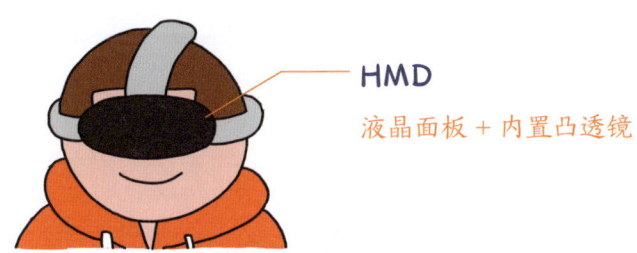

HMD

液晶面板 + 内置凸透镜

用户在转头的时候能明显感觉到 HMD 与普通 3D 眼镜的不同。

戴上 HMD，当用户向旁边看时，他看到的是他旁边的场景，当用户回头看时，他看到的是他身后的场景。

因此用户使用 HMD 时，会感到自己置身于另一个空间中。

目前，开发 HMD 的重中之重是影像分辨率的提升。

因为提供的影像足够清晰，用户才能体验到真实感和生动感。

和分辨率同等重要的是图像处理速度。

如果图像处理速度太慢，影像在用户转头时就无法快速变换。

此外，HMD 还得轻巧，音响的性能要好，电池长时间使用时不能出现发热现象。

目前，科学家还在开发类似头盔的装置，试图模拟出振动、刮风、炎热、潮湿等不同场景的体验。

控制器也必须介绍一下。

控制器是在 VR 环境中反映我们手部动作的装置。

手握的圆形操纵杆装置可以反映拇指和食指的运动。

比这个更发达的是手套形式的控制器。

手套形式的控制器的每个手指关节都安装了传感器，可以精确识别每个部位的弯曲和展开，在画面中接触某个东西时，可以感受它的振动和温度等。

最近也有干脆不用控制器，而用相机追踪手指的位置的技术。

哇！在虚拟场景中用手击打物体后真的会感觉到疼！

一种让用户全身都能感受虚拟现实的技术也正在开发中。其中最具代表性的就是 VR 万向行动平台。

VR 万向行动平台可以将跑步和跳跃等身体动作与现实联系起来。

通过特制的鞋子和地板，用户在平台上的动作将被转化为在元宇宙中的行走、奔跑和跳跃等动作。

© KAT VR, bHaptics

VR 万向行动平台（左）
和 VR 背心（右）
用于感知振动以及传递游戏中被攻击或碰撞时产生的各种冲击。

许多企业想凭借这些技术的领先，在元宇宙市场中抢占先机。

经过前面的学习，我们已经知道什么是元宇宙了。

尽管有人对元宇宙感到失望，但我们还是明白了元宇宙必将到来的原因。

从现在开始，我们将认识元宇宙的领军人物们，看看他们是如何创建元宇宙的，这样我们将进一步了解元宇宙。

同时，让我们也花时间思考一下创建完备的元宇宙需要哪些条件吧。

如何创建元宇宙？

到底为什么？

我坐上元宇宙号的原因

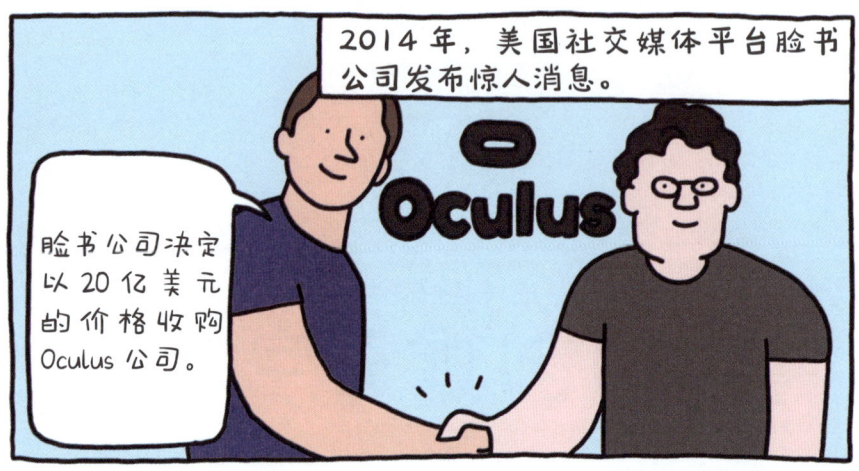

2014 年，美国社交媒体平台脸书公司发布惊人消息。

脸书公司决定以 20 亿美元的价格收购 Oculus 公司。

20 多岁的小毛孩创办的公司，竟以如此高的价格收购 Oculus 公司？

听说 Oculus 公司员工还提出了诉讼。

啊，那脸书公司不会因此倒闭吧？

放心，一切都在计划中！

脸书公司创始人马克·扎克伯格

Oculus 公司是制造 VR 设备的企业中最好的公司!

有了 VR 设备, 社交网络服务会变得更有趣、更方便, 将会有更多的用户注册使用。这样, 我们就能收集到更多的用户信息, 以此找出最有效的广告人群和广告方向。

哇! 原来你们公司很久以前就在为元宇宙时代的到来做准备呢!

我们的工程师在非常用心地研究这项技术。

投身元宇宙的企业

科学家早就对元宇宙有所构想，但要明确定义元宇宙是什么，却很困难。

于是，在 2007 年，约翰·斯马特等人提出了元宇宙四象限框架。

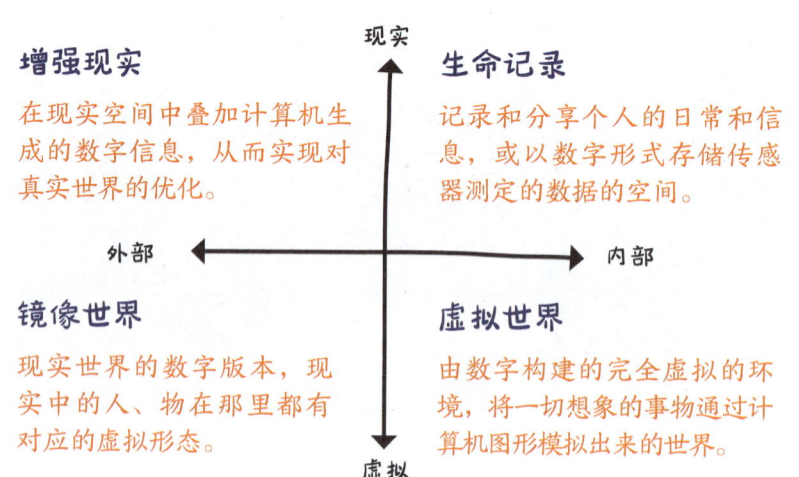

增强现实
在现实空间中叠加计算机生成的数字信息，从而实现对真实世界的优化。

生命记录
记录和分享个人的日常和信息，或以数字形式存储传感器测定的数据的空间。

镜像世界
现实世界的数字版本，现实中的人、物在那里都有对应的虚拟形态。

虚拟世界
由数字构建的完全虚拟的环境，将一切想象的事物通过计算机图形模拟出来的世界。

现实

外部 —— 内部

虚拟

只要某技术符合上页象限中四种类型的一种，就可以被称为元宇宙。

不过很多企业都以其中一种类型为中心，同时融合多个其他类型，以创建自身独有的元宇宙。

因此，元宇宙既可能是其中之一，也可能是所有象限的融合。

企业想要生存，就必须引领新的领域和技术。

这样才能保持影响力，同时赚取更多资金。

元宇宙也是如此。

所以很多企业都在结合自身的优势制定引领元宇宙时代的策略。

比如，"元"公司在生命记录方面有优势。

用户可以在生命记录中记录和分享个人的日常和信息。

这与许多人正在进行的社交网络活动差别不大。

因此，"元"公司打算将旗下的脸书（Facebook）和照片墙（Instagram）等社交网络平台纳入元宇宙的领域。

"元"公司旗下的社交网络平台拥有约 30 亿用户，"元"公司的主要收入来自针对这些用户投放的广告。

　　如果这些用户在元宇宙时代继续使用"元"公司的服务，"元"公司不仅能获得更高的收入，还能拥有强大的社会影响力。

　　因此，"元"公司在开发 VR 设备和服务方面投入了巨额资金，试图将现有的生命记录拓展为元宇宙中的人生轨迹。

　　为此，"元"公司正着力在元宇宙中增添游戏、健身等多种服务，以确保用户可以通过"元"公司开发的 VR 设备，全天候地享受元宇宙而不感到厌倦。

　　而像 Epic Games 这样的游戏开发商的优势在于他们拥有成熟的图形技术，这是创建虚拟世界必备的技术。

　　Epic Games 公开了他们的技术，任何人都可以免费使用。

　　这可以看作他们抢占元宇宙时代先机的战略。

　　因为使用他们的技术制作的游戏或虚拟世界越多，当元宇宙时代正式到来时，他们的技术成为标准的可能性就越大。

一旦他们的技术成为标准，他们就会拥有巨大的影响力。

而且，图形技术与演出内容的结合，可以为开发商带来巨额的收入。

2021 年爱莉安娜·格兰德的虚拟演唱会就印证了这一点。

游戏开发商已经找到了在游戏之外获取收益的途径。

谷歌将整个地球原封不动地搬到了数字屏幕上，研发了一个"镜像世界"类型的元宇宙——谷歌地球。

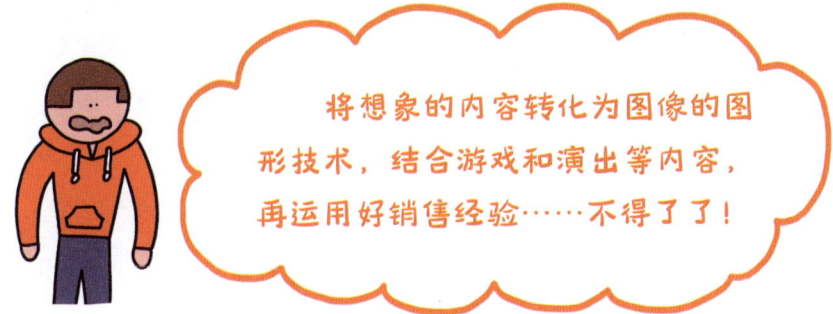

将想象的内容转化为图像的图形技术，结合游戏和演出等内容，再运用好销售经验……不得了了！

谷歌通过谷歌地球证实了通过买卖虚拟土地创收的可能性。

目前，镜像世界正在向<mark>数字孪生</mark>的概念发展。

它不仅像镜子一样展示现实世界的面貌，人们还可以在其中模拟出各种活动。

这种技术在现实中有着极高的实用性。

数字孪生与现实

左侧图片是通过数字孪生技术模拟右侧现实中的工厂的画面。在工厂投产前，通过数字孪生进行模拟，可以节约燃料和材料，并降低事故发生风险。

例如，可以在数字世界中复制城市的排水系统，模拟下大雨时会发生的情形。

这样就可以提前发现可能发生内涝或崩塌等事故的风险点。

在大雨来临前进行排查和处理，就可以大大减少大雨造成的人员和财产损失。

比尔·盖茨创立的微软（Microsoft）则致力于增强现实（Augmented Reality，简称 AR）技术的开发。

AR 是一种在现实空间中叠加数字信息的技术。

微软推出了"HoloLens"全息眼镜，戴上这款设备后，眼前就会出现科幻电影中的场景。

早在 2016 年，微软就与美国航空航天局合作制造了一款眼镜，可让用户体验在火星上行走的感觉。

此外，这款眼镜还在多个工业领域发挥着重要作用。

AR 技术在飞机制造方面的运用

欧洲飞机制造企业空客（Airbus）使用微软的"HoloLens"全息眼镜，将制造工程时间缩短了三分之一。飞机的零件成千上万，利用 AR 技术可以迅速检查并找到问题，从而减少事故发生频率。

值得一提的是，微软的目标是"企业业务的元宇宙化"。

目前，有不少企业正在使用微软的系统和软件。

为了让人们在元宇宙时代继续使用微软的程序，微软已经为这些程序创建了元宇宙系统。

谷歌正在致力于开发眼镜形态的 AR 设备。

因为谷歌打算以自身庞大的数据为基础，利用人工智能来提供服务。

例如，戴上谷歌眼镜与外国人对话时，镜片上可以显示翻译后的内容。

此外，世界各国和企业也在积极开发元宇宙服务和设备。在新型冠状病毒感染蔓延期间，人们面对面接触困难时，韩国的 Naver 公司通过"崽崽"元宇宙等服务，在元宇宙市场上崭露头角。

中国企业太若科技（Xreal）在 2024 年推出混合现实（Mixed Reality，简称 MR）智能眼镜，进驻元宇宙市场。

此外，日本还建立了一所元宇宙高中，里面的学生都是虚拟化身。欧盟多个国家共同创建了元宇宙控制塔。

VR、AR等设备开发竞争的秘密

但是你不觉得奇怪吗？

苹果公司在元宇宙开发方面的进程怎么没有被提到呢？

苹果公司没有对元宇宙采取任何策略吗？

苹果公司对元宇宙的关注度并不比其他企业少。

只是受新型冠状病毒感染蔓延影响，他们的元宇宙相关业务都停滞不前。

这导致很多人对元宇宙投资持怀疑态度，甚至有人觉得苹果公司暂停发展元宇宙相关的业务是正确的判断。

即使如此，很多企业仍没有放弃对元宇宙的投资。

其实，苹果公司很早就投入到扩展现实（Extended Reality，简称 XR）设备的开发中。

XR 涵盖了 VR、AR 和 MR 等多种沉浸式技术。

苹果公司还提出了"空间计算"的新概念，并推出了先进的护目镜设备。

表面上看似平静的苹果公司，实际在幕后做了大量的元宇宙研发准备。

那么，为什么各国企业都在努力开发元宇宙设备呢？

答案很简单。

这些设备是进入元宇宙大门的钥匙。

目前我们通常要借助电脑和智能手机接入互联网。

但是在元宇宙时代也会这样吗？

不会！

在元宇宙时代，我们将通过像眼镜和头盔这样的 VR、AR 等设备接入互联网和元宇宙。

所以，大家争先恐后地加入到 VR、AR 等设备的开发中。这场开发的竞争至关重要。

下面的表格简要总结了互联网的历史。

网络（Web）是互联网（World Wide Web）的简称。

一些学者认为网络经历了以下三个阶段的演变。

分类	Web1.0	Web2.0	Web3.0
平台	万维网	移动互联网	元宇宙
设备	个人电脑	智能手机	VR、AR 等设备

网络经历的第一个阶段是互联网开始广泛普及的 1990 年到 2000 年，当时网络是通过个人电脑接入万维网才得以建立的。

网络进入第二阶段的标志是智能手机的出现，人们通过移动互联网使用网络，现在我们仍然处于第二阶段。

但是我们现在正在向网络的第三阶段迈进，这个阶段就是元宇宙时代。

我们将通过元宇宙接入网络！

从网络的第一阶段到第二阶段，网络的接入方式发生了变化，即接入设备从电脑变成了智能手机。

同样地，从第二阶段到第三阶段，接入设备也将发生变化。这类设备正是 VR、AR 等设备。

回顾网络发展的历史，设备间的竞争极其激烈。

其中最具代表性的就是苹果公司和诺基亚公司之间的设备之争。

21 世纪初期，芬兰企业"诺基亚"成为手机的代名词。

虽然当时已经出现了"智能手机"，但是诺基亚公司安于现状，满足于制造拨打电话和发送短信的传统手机。

直到 2010 年，苹果公司推出了智能手机。

没过几年，传统手机就被智能手机取而代之。结果是什么呢？

诺基亚公司被遗忘，而苹果公司取代了诺基亚的地位。

随后，通过智能手机的各种业务和影响力，苹果公司加入到世界知名企业之列。

掌握了设备的苹果公司获得了巨大的影响力。

不久前，苹果公司改变了政策，他们作出了只有在用户允许的情况下才能追踪其位置的决定。

你知道这样一来受影响最大的公司是哪家吗？

没错！就是"元"公司。

"元"公司作为一家社交媒体公司，非常重视用户的位置信息。

用户的位置信息不同，广告投放的内容就会有所不同。

然而，现在无法随意收集用户的位置信息，导致广告商不愿继续投资，"元"公司因此损失惨重。

掌握设备的企业的影响力是巨大的。

这也是全球的企业都在争相开发 VR、AR 等设备的原因。

在这场设备竞争中领先的企业，可能会成为下一个苹果公司。

相反，在这场竞争中落后的企业，可能会像诺基亚公司一样，逐渐淡出我们的生活。

简而言之，这场竞争关乎未来市场，是决定企业命运的战争。

元宇宙成功的钥匙是什么?

互联网刚出现时，它仅仅是一个用来查找信息、聊天和玩游戏的空间。

倘若互联网停留在那时的状态，还能取得今天这样的发展吗?

不能，绝对不可能!

查找信息、聊天和玩游戏的人们在互联网上聚集，于是有人开始在上面投放广告。

企业为了吸引更多的人上网，又提供了音乐、漫画、电影、新闻等内容，以及邮件、博客、论坛等社交服务平台。

你有没有想过，为什么互联网企业会让我们免费使用他们的邮件功能？

为什么给我们提供可以发布文字、照片和视频的社交网络服务？

为什么让我们制作、上传和观看视频？

这一切都是为了吸引用户。

吸引到用户，就有更多的商业可能！

元宇宙也是一样。

有大量的用户活跃在元宇宙，企业才能获得更多利润。

游戏开发商 Epic Games 举办虚拟演唱会，就是为了试验通过演唱会这种内容是否能吸引用户并在其中获取收益。从结果来看他们是成功的。

通过这件事，人们意识到：

把人们吸引到元宇宙中，企业可以进行商业运作！

个人也能通过元宇宙获利。

我们知道通过开发智能手机应用程序获利的人不在少数，同样，元宇宙中也给个人提供了创造价值的机会。

比如多人在线创作游戏平台罗布乐思（Roblox）允许用户制作并上传游戏。

他们向用户提供一些教程，即使用户对计算机一无所知，只要用户有创意，就可以制作并上传游戏。

在罗布乐思的用户中，有超过 200 万的游戏开发者。用户可以通过自己制作的游戏获利。

就像用户在网上发布文章或视频可以根据点击量获利一样。

有一位高中生曾因此获得过成功。

2017 年，高中三年级的亚历克斯·巴尔凡兹在罗布乐思上制作一款游戏《越狱》。该游戏获得了巨大人气，他也因此获得了巨额收益。

亚历克斯·巴尔凡兹

相信未来大家也可以成为元宇宙的创作者！

在像罗布乐思和韩国"崽崽"元宇宙这样的元宇宙服务中，不仅有大的时尚公司，还有为虚拟化身制作服装和配饰并进行销售的个人。

© studio.zepeto.me

"崽崽"元宇宙中的服装商店

商店中陈列了许多虚拟化身服装，其中部分是虚拟化身服装设计师的作品。虚拟化身服装的销量越高，设计师赚得越多。

元宇宙带来了新的职业。

其中最具代表性的是世界构建者。

在元宇宙中举办活动时，也和在现实空间中一样，需要搭建舞台、布置舞台设备、安排座位、检查入场人员等，工作繁多。

负责所有这些工作的人就是世界构建者。

另外一个职业是虚拟化身电视剧编剧。

他们的工作是用虚拟化身制作电视剧，这些人也被称为虚拟化身电视剧导演。

当人们了解到可以通过元宇宙提供商业服务时，越来越多的人开始关注元宇宙，并开始投资相关股票。

也就是说，元宇宙正在影响着现实经济。

元宇宙越活跃，投资就越多；投资越多，元宇宙的发展就会越快。

这样一来，又会有更多的人涌向元宇宙，随之带来更多的投资……

在这样的良性循环下，元宇宙的成功指日可待，不是吗？

元宇宙成功的另一把钥匙

回顾网络的历史，我们会发现在 Web1.0 阶段，网络的内容是由特定的内容提供者单方面创作并传达给用户的。

这种形式在 Web2.0 阶段初期持续，但在 Web2.0 阶段中期，这种形式开始发生改变。

用户自身也开始创作内容，这得益于平台使用户拥有能直接创造内容的机会。

我们不再单纯接受他人提供的内容，自己也能创作内容，观看内容的用户又能再次创造新的内容。

现在是人人都能创造内容的时代！

这就是内容的去中心化。

分类	Web1.0	Web2.0	Web3.0
平台	万维网	移动互联网	元宇宙
设备	个人电脑	智能手机	VR、AR 等设备
	内容的中心化		内容的去中心化

内容的去中心化也是目前大受欢迎的元宇宙平台的共同要素。

这也是为什么罗布乐思通过开放平台让每个人都有机会制作游戏。

如果能通过创作内容赚钱，内容的去中心化将获得很大动力！

元宇宙又给游戏界带来了什么呢？

最接近元宇宙的游戏是《我的世界》。

正因为如此，微软在 2014 年收购了制作这款游戏的企业。

这款游戏的核心是用户可以在游戏世界中到处走动，建造和破坏任何东西。

《我的世界》游戏界面

地球的面积是 5.1 亿平方千米，但这个游戏里的世界有 36 亿平方千米。因此，无论用户如何走动，总会有新的空间出现，用户可以不断创建属于自己的世界。

人气游戏《堡垒之夜》也借鉴了元宇宙的特点。

尽管这是一款个人战斗游戏，但开发商还是接受了用户的需求，开放了用户可以聚集的空间。

元宇宙可以将用户从已有的框架限制中逐步释放出来，并为用户提供可以适当发挥自身能力的空间，设置基本的限定规则。

一言以蔽之，元宇宙正在形成一个开放世界。

在这样的开放世界中，用户是内容的生产者，同时也能获得收益。

这也离互联网的基本理念更近一步。

互联网初创时的基本理念正是共享。

这个理念对我们的社会产生了重大的影响。

过去，只有特定的人、特有的设备和技术以及支持这些的资本，才能创造文学、艺术方面的内容。

而现在，只需要一部智能手机，人人都可以拍摄电影或是创作有趣的剧本，不是吗？

因此，我很期待！

希望元宇宙能够早日成为真正的开放世界。

元宇宙是什么，现在你找到一些线索了吗？

让我们一起想象一下，随着元宇宙的发展，我们的生活将如何被改变吧。

这样我们就能知道创建元宇宙还需要哪些条件。

此外，我们还可以想一想，我们需要为元宇宙的到来做哪些准备。

这样，即使技术发展再快，我们也能跟上步伐，更好地理解这个世界。

元宇宙开启的新世界

进入元宇宙时代。

元宇宙和我的一天

使元宇宙成为可能的技术

要像前文中的小宇一样生活，需要用到 AR 眼镜、VR 万向行动平台等特殊的设备。

而这些设备的正常运行，还需要基础技术的支持，这些技术就是人工智能、超级计算机和云计算。

首先，我们了解一下为什么需要人工智能。

我们都知道，在线游戏中有许多非玩家角色（Non-Player Character，简称 NPC）。

这些 NPC 在游戏中由人工智能操控而非人类玩家操控。

NPC 的主要工作是与玩家交流并给出任务和线索。

从严格意义上来说，与玩家战斗的怪物也算一类 NPC。

元宇宙中也需要这种角色。

但元宇宙中的 NPC 是现有 NPC 不可比拟的存在！

随着生成型人工智能的发展，与人类进行日常对话的人工智能已经发展到几乎与人类表达一模一样的程度。

在注入了这种人工智能的元宇宙中，NPC 将会像人类一样行动和交流。

甚至可能展现出比人类更为优越的能力，并担任元宇宙中的领导角色！

生成型人工智能在制作元宇宙中使用的虚拟化身时也可以发挥重要作用。

生成型人工智能可以通过学习人类的外貌特征和各种表情，然后反映在虚拟化身上，让虚拟化身无论是样貌还是情绪都与人类一模一样。

不仅如此，生成型人工智能还可以学习人体的动作和姿态！

最终，元宇宙将通过几乎与实物无异的化身，极致地提升真实感。

而且，我们的表情和动作也能够实时地反映到元宇宙中的化身上。

马克·扎克伯格和他

在元宇宙中的化身

"元"公司推出的元宇宙"地平线世界"中的马克·扎克伯格的化身

实际上这个化身刚面世时，因为与本人差距太大遭到了嘲笑。但是，应用了人工智能的化身制作技术正在迅速发展。今后的化身将不再以更像本人为追求，而是被赋予更多不同的风格。

人工智能还将在元宇宙中担任向导的角色。

元宇宙中将举办大量活动，各种活动资讯将快速且不断涌现。

元宇宙如此之大且错综复杂，我们很难知道具体某个活动在哪里举行。

因此，就像当前的视频和音乐流媒体服务一样，元宇宙中也需要由人工智能代理根据用户的喜好进行推荐的系统。该系统还可以像社交网络中经常看到的那样，向用户提供感兴趣的信息。

哦，也许人工智能最重要的任务，就是管理元宇宙本身。

确保元宇宙中有数不尽的内容，以及当数千万人同时访问元宇宙时它还能正常运行。

此外，还需要监管用户的活动。

目前，元宇宙中也发生过暴力、骚扰等问题，人工智能需要起到发现和解决这些问题的作用。

人工智能还需具备解决人类的冲突行为给元宇宙带来的各类问题的能力。

为了运行大规模的元宇宙，性能强大的<mark>超级计算机</mark>是必不可少的。

元宇宙需要快速处理海量数据，因为数十万甚至数百万人会同时在线活动，而且这些活动的方式和种类不尽相同。

此外，如果使用 VR 或 AR 技术，还需要实时渲染全视角的视频画面，光是图形处理就需要极高的计算能力。

超级计算机 EOS

然而，所有的元宇宙服务都使用价值数亿元的超级计算机来运营是不现实的。所以发展<mark>云技术</mark>变得至关重要。

云技术是指通过互联网提供存储空间、服务器和网络等基础设施的信息技术。

谷歌的云端硬盘、微软的 Office 365，还有苹果的 iCloud 都是云服务的例子。

过去，只是想运营一个商业网站，就需要为其配备单独的设备。这样不仅费用高昂，而且会带来不少技术上的难题。

而现在，得益于互联网技术的发展，即使不配置某些硬件设备，也可以通过网络连接远程的计算机来进行各种操作。

不过元宇宙所需的云技术与这些个人服务可不在一个级别。要模拟现实空间，并描绘其中大量虚拟化身的活动，需要极大的容量。

此外，为了提高真实感和沉浸感，元宇宙的云技术要让操作和活动不存在延迟情况。

这不仅需要巨大的容量，还需要极快的速度。

换句话说，必须具备快速渲染大规模复杂 3D 模型的技术、超低延迟的流媒体技术和网络技术。

目前，这样的高性能云技术市场由亚马逊、微软和谷歌等信息技术公司巨头主导。

亚马逊的云服务

提起亚马逊，人们很容易想到互联网书店和网络商城。然而，亚马逊实际上是全球最大的云服务企业。

与现在截然不同的世界

如果元宇宙融入日常，我们的生活将发生翻天覆地的变化。

毫不夸张地说，所有领域都将呈现出与现在完全不同的景象。

公认的会因元宇宙而发生巨大变革的领域是教育。

因为新型冠状病毒感染的影响，我们被迫体验了非面对面授课，通过这段经历，我们向元宇宙的教育方式迈近了一步。

如果对元宇宙加以利用，可以更有效地进行非面对面授课。

尤其是在注重实践和实习的领域，元宇宙教育将率先迈出步伐。

而随着语音人工智能和翻译人工智能的发展，元宇宙在语言教育领域的引入也将加速。

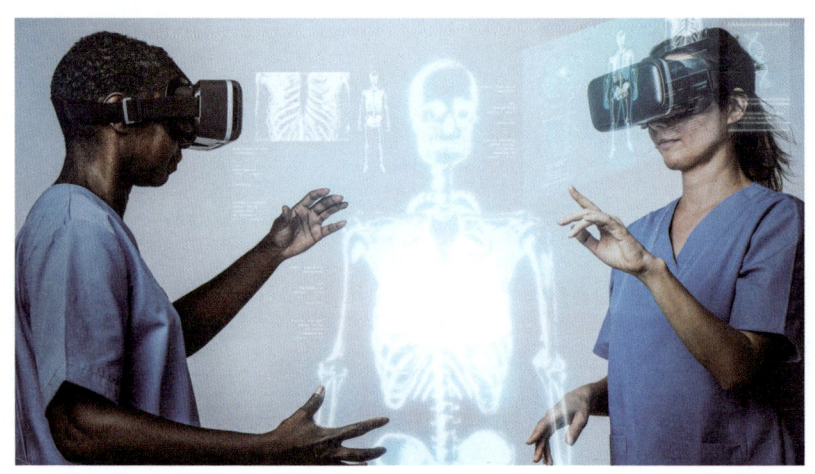

元宇宙教育
像医疗、设计等注重实践和实习的领域，元宇宙教育的引入速度会更快。

元宇宙对政治也将产生重大影响。

政治家将会积极利用元宇宙，因为与社交网络服务平台相比，元宇宙可以使演讲者更生动地表达立场。

随着元宇宙的扩大和使用人数的增加，可能会出现独立于现实世界的"元宇宙政党"，以及在元宇宙内谋求政治影响力的各种活动。

元宇宙中的政治活动最终也会对现实世界产生相当大的影响。

但无论如何，元宇宙中最受期待的领域或许还是经济。

例如，人们对元宇宙的兴趣始于有人通过罗布乐思制作游戏而获得巨大商业成功。

当有人在罗布乐思上获利时，人们开始关注罗布乐思的股价，然后才逐渐对元宇宙产生兴趣。

随着元宇宙中经济活动的展开，元宇宙中使用的货币也随之出现。

例如罗布乐思的虚拟货币 Robux。

元宇宙越活跃，这些虚拟货币就越有可能统一。

更进一步，元宇宙中的虚拟货币可能与现实货币连接。

你听说过比特币和以太币吗？

它们正是为了未来的元宇宙时代而创造的虚拟货币。

想要提前投资它们的人蜂拥而至，形成了一股狂热的投资热潮和投资势力，这就是所谓的"币圈热潮"。

因此，人们可能对虚拟货币抱有一些负面看法，但实际上创造虚拟货币的初衷是创建一个基于区块链的，不受中介左右、不收取手续费、允许个人直接进行交易的透明的经济系统。

通过这种区块链技术，可以为数字资产注册所有权，这就是非同质化通证（NFT）。

元宇宙和 NFT 并不是从一开始就结合起来发展的。

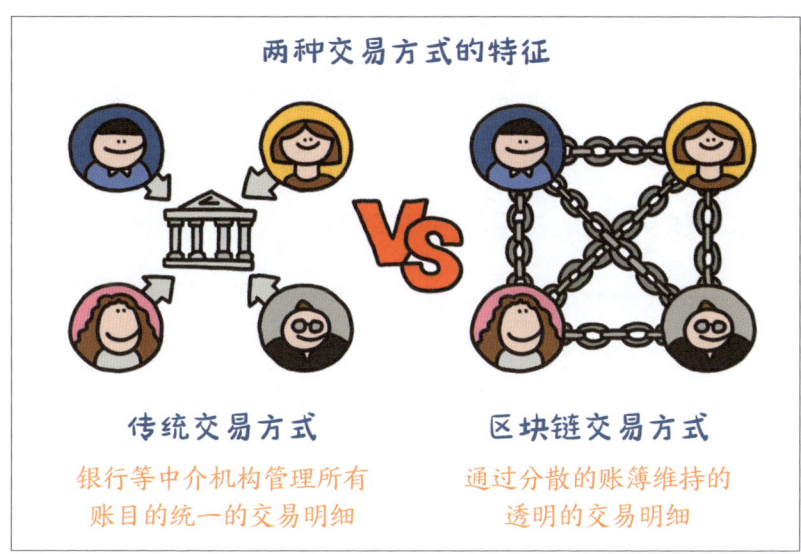

两种交易方式的特征

传统交易方式
银行等中介机构管理所有
账目的统一的交易明细

区块链交易方式
通过分散的账簿维持的
透明的交易明细

区块链技术

区块链简单来说就是将数据分散存储在多人的计算机上的技术。
例如，当我们在银行存款时，记录会以存折的形式保存在银行里。
因此，银行负责资金的进出，并支付和接收利息，而我们则支付相应的手续费。
但如果银行篡改存折，我们将无从知晓。银行破产后我们的钱也可能随之消失。
而区块链从根本上杜绝了这种问题。信息被分散存储在许多人的计算机上，因此无法被篡改。而且从一开始就没有将钱存入银行，所以不需要支付手续费，也不用担心钱会消失。存储数字地址和所有者信息的数字产权证书"NFT"也是基于区块链技术的。

但现在它们已经密不可分，互相补充，互相促进。

因为通过将元宇宙中的物品或作品进行 NFT 处理，可以创造新的价值。

自2020年开始，NFT通过艺术品销售逐渐被大众所知。

数字图像可以无限复制，但即使有 1000 个相同的图像，也只有一个以 NFT 形式注册所有权的原件。

基于这种价值，交易和投资等经济活动的基础得以运作。

当元宇宙这个新社会形成时，其中必然会绽放各种文化。

当然，现实中的艺术和文化不会消失，而元宇宙中可能会出现许多新事物。

例如，将奈飞公司（Netflix）的电视剧《鱿鱼游戏》搬到元宇宙中。

一些角色由人工智能扮演，另一些则由真实人物的虚拟化身扮演。

虚拟化身的外貌和性格由其主人创造。

游戏的种类和形式也可以由参与者调整。

然后让它像电视剧《鱿鱼游戏》一样进行。

参与者会为了赢得奖金而推动剧情的发展，并在其中创造新的故事。

如果把这个过程编辑成节目，那么这究竟是电视剧？是游戏？还是真人秀呢？

在这种情况下，谁又是创作者呢？

元宇宙还会带来哪些变化呢?

或许元宇宙会使得上下班高峰期的道路不再那么拥挤。

随着企业和学校更多地利用元宇宙,远程会议和远程授课将增多,出行的人势必会减少。

这样不仅可以缓解交通拥堵,还可以降低能源消耗,因为出行工具的使用减少了。

啊,元宇宙的发展或许还能促进碳中和!

而且"副角色"(第二人生角色)文化可能会比现在更加普及。

就好比现在一些人在社交平台上展示与现实截然不同的自己或只展示自己的某一种特质。

而元宇宙中"副角色"可能会超越我们现在的想象。

在模拟外星的元宇宙中,你可以体验外星人的生活;在模拟怪兽丛林的元宇宙中,你可以化身为怪兽;在模拟蚂蚁巢穴的元宇宙中,你可以扮演蚁后或工蚁。

只要有想象力,在元宇宙中你可以变身成任何角色。

我、我们和元宇宙

无论在东方还是西方的农耕时代，大多数人都是按照日出和日落的规律作息的。

当时最重要的两件农事——播种和收获都要遵循一年的节气。

然而，工业社会到来后，人们开始按照上下班的时间作息。

蒸汽火车出现后，人们还需要按火车的到站时间制订出行计划。

进入20世纪，随着交通工具的发展以及汽车的普及，人们的生活和移动范围大大增加，人们的活动空间扩大了百倍、千倍。

城市钟塔

工业革命时期，城市中心开始建造钟塔，因为每个人都需要知道时间。

与此同时，家家户户开始通电，夜晚被照得更亮，一天似乎变得漫长。

随着发达国家收入水平的增高，越来越多的人开始享受闲暇时间，机器也在更多的领域代替了人力劳动。

通过第三次工业革命，人类拥有了能够"思考"的机器——电脑。

机器开始进入人类智力的领域。

工业革命的发展阶段

第一次 工业革命	第二次 工业革命	第三次 工业革命	第四次 工业革命
18 世纪 通过蒸汽机和化肥的发明极大提高社会生产力的机械化革命	19 世纪—20 世纪 以电力为基础的高效大规模生产革命	20 世纪中后期 基于计算机和通信网络的知识信息革命	现在 基于创新技术的万物互联的智能革命

机器已经开始处理人类无法完成的复杂计算，普通人也可以使用计算机来编写文档和玩游戏，并通过互联网连接全球。

沟通跨越了时间和空间的限制，文档、音乐、照片，甚至是金钱等许多原本需要当面交流的内容，都开始以数字化的形式传递。

我们正生活在第四次工业革命时代，这个时代的主题正是以第三次工业革命的成功为基础而诞生的"元宇宙"。

现在，人类已经到达了这样一个时刻：我们有机会摆脱物质世界和物理法则的束缚，建立一个按照人类意愿来制定规则的新世界。

在构建这样的虚拟世界时，我们难免会产生这样的想法："我所生活的现实会不会也是元宇宙的一部分呢？"

在元宇宙中，我们可以过拥有多重身份的生活。

比如，小易在现实中是一个勤勤恳恳的工薪阶级，在元宇宙中他选择做一个公司的总经理。

小易在现实生活中乐于助人，是大家公认的热心帮手。

可他在元宇宙中雷厉风行，基本不会跟其他人有任何工作以外的交集。

然而，随着他在元宇宙中度过的时间越来越多，他逐渐适应并喜欢上了元宇宙中总经理的角色。

于是他在现实中也开始变得冷漠，对同事的事情漠不关心。渐渐地，他开始为此苦恼。

究竟哪种性格更合适小易？他是否能够有效地分清虚拟与现实？

元宇宙的出现，将会给我们带来这样新的问题。

我们必须适应并解决这些问题。

那么，如何才能很好地适应和解决这些问题呢？

我认为找到答案的起点在于明确自己是谁。

只有这样，我们才能正确理解我们是谁，以及认清我们所处的世界，从而在其中找到合理的解决方案。

到目前为止，我们已经了解了什么是元宇宙，以及实现元宇宙需要哪些技术。

我们还设想了元宇宙将如何改变我们的生活，并推测了元宇宙的到来将带来哪些意想不到的问题。

最后，让我们更详细地探讨这些问题。

提前了解这些问题，可以让我们有足够的时间思考对策，思考越充裕、越全面，我们就能更好地应对未来。

元宇宙带来的问题

虚拟与现实的差异

还记得引起人们对元宇宙兴趣的电影《头号玩家》吗？
电影中出现的元宇宙真是令人惊叹！

但是，元宇宙之外的现实世界是什么样子的呢？

还有不少人没有像样的房子居住，
只能在随意堆叠的集装箱里生活。
周围满是工业废料和垃圾，
天空被雾霾笼罩，呈现一片阴沉的灰色。

脱贫无望的人们整日都在元宇宙中消磨时间。

富人通过销售与元宇宙相关的商品赚取更多财富，
他们也许会垄断信息，操纵权力，
甚至对那些阻碍他们的人
肆无忌惮地施加暴力。

1999 年上映的电影《黑客帝国》中的现实世界
更是令人不寒而栗。
在《黑客帝国》中，人们所认为的现实其实是
元宇宙中的虚拟世界，
那个世界和我们现在生活的世界一模一样。

而真正的现实是……

人类产生的污染物遮蔽了地球大气层，太阳光无法照射进来。
地球上的生命几乎灭绝了，但机器生存了下来。
它们找到了一种获取能量的方法。

这个方法就是通过收集人体内的电流发电。
于是，机器把人类放进像胶囊一样的容器中饲养，
为了长时间提取电流，必须让人类活着，
因此它们创建了元宇宙。
大多数人像蚕一样被机器饲养，
在元宇宙中生活，对现实世界一无所知。

啊！人类的现实竟然是机器的电池！

在最早使用"元宇宙"一词的小说《雪崩》中，
元宇宙是一个美妙的世界，
而现实世界却是经济崩溃的黑暗局面。
在这种情况下，能够使用元宇宙的人是有限的。

需要拥有高性能的计算机和购买元宇宙设备的能力，
才能进入元宇宙。

只有具备在元宇宙中创建自己的星球或虚拟形象的技术的人，
才能真正地享受元宇宙。

但这毕竟是电影中的情节，是文学作品中的想象！

当然，我们可以这样想，然后将这些想象抛之脑后。但是这些想象是否的确有可能成为现实中的问题呢？即使不会像电影或小说中那样极端，是否仍然可能发生各种各样的问题，或多或少地影响到我们？因此，我们需要思考可能出现的问题，这样才能提前准备解决办法。

Metaverse

没错，有备才能无患！

元宇宙号

沉迷元宇宙的人们

目前，游戏成瘾和智能手机成瘾已经成为问题。

有些人因沉迷游戏而无法正常生活，还有些人沉浸在社交网络中无法自拔。

如果元宇宙普及开来，也可能产生沉迷元宇宙的问题。

我们一起来想象一下可能出现的问题。

上瘾1 在元宇宙中复活的亲人

突如其来的交通事故夺走了我的一切。

我失去了妻子和女儿，每天都像在地狱中度日。

一天，我收到了一条神秘的短信！

我们将帮助您和家人团聚，
请与您的爱人重逢吧。
－ 永恒数字孪生 －

抱着再次见到爱人的希望，我敲开了永恒数字孪生的大门。

"欢迎光临。我们将省略千篇一律的安慰，开门见山地向您说明与家人重逢的方法。"负责人用异常平静而沉着的语气说道。

"我们将为您和家人创建一个元宇宙。"

他们会用人工智能化身复活妻子和女儿，这样我就可以在元宇宙中见到她们了。

"我想见我的妻子和女儿。"

我决定利用数字孪生技术，在元宇宙中复活妻子和女儿！

进入永恒数字孪生的世界，我破碎的生活重新燃起了希望。我的生活完全回到了事故发生之前。

随着时间的推移，现实中的我逐渐变老，元宇宙中的我也在老去。

元宇宙中的妻子和女儿也仿佛随着时间的流逝而老去和成长。

和妻子女儿一起生活的元宇宙世界变得越来越坚固，我独自生活的现实世界却变得越来越小、越来越单薄。但我并不在乎。

就这样，30 多年过去了，我即将离开人世。

但我并不感到孤独。

但突然，我想到一个问题。

如果我去世后，无法支付永恒数字孪生的服务费，这个元宇宙就会消失。

那么我的妻子和女儿会怎么样呢？

恐惧如潮水般涌来。

我思考了很久，最终决定发出这篇咨询帖。

我有一个交往了一年的好友，她曾是这个世界上最善良、最漂亮的人。

直到她开始使用某种 AR 服务……

不知道你们知不知道，这种 AR 服务其实只要戴上像隐形眼镜一样的 AR 设备，就可以让你看到任何你想看到的样子。

比如，好友想把我当成明星，她只需要接入这种 AR 服务器，将隐形眼镜设定为某明星模式，然后戴上隐形眼镜看我。这样，我在她眼中就成了明星的样子。

一开始，我也觉得很好玩。

我将隐形眼镜设定为歌星模式，好友就变成歌星在我面前唱歌；设定为舞蹈家模式，好友就变成舞蹈家在我面前跳舞！

对我而言，这种新鲜感很快消失了……

但好友不再愿意以原来的样子和我见面，也总是将我设定成某个电影演员、歌手或模特的样子，才愿意见我。

就算我说不愿意，她也坚持自己的做法。

她还这样说：

"在使用这款 AR 服务之前，我一直觉得你很优秀。但当我将你设定为各种明星之后，再看到真正的你……"

说到这儿，她叹了口气，没有继续说下去。

这样的好友，我还应该继续和她交往吗？

我们面临的新选择

元宇宙技术应发挥正向作用，坚持正确的伦理导向。在我们生活的社会中，存在很多为人处世的惯例。

然而，元宇宙这个新环境可能会改变未来人们的某些惯例。

让我们来思考一下：会有哪些变化呢？

选择1 元宇宙某国第5届总统选举

总统选举活动开始了。

这次选举的争论焦点十分明确。

　　1 号候选人高敏南提议将所有学校都在元宇宙创办，而 2 号候选人严肃凡则强烈反对这一提议。

　　高敏南候选人通过派发传单宣传了他的主张。

　　在学校用地上建公园怎么样？好像还不错。

　　而且，如果在元宇宙创办学校，不就意味着不用去学校，只需要上网课就行了吗？

　　听起来确实不错。

1号候选人 | 高敏南的教育改革

让所有学校都到元宇宙去！

1. 增加公共用地

在元宇宙创办学校，把学校改建成公园、活动中心等场所。

2. 节省税金

在元宇宙创办学校，可以减少维护和修理学校设施的费用。

不需要起早赶往学校，学生就可以多睡一会儿。

如果没有学校，就不需要体育馆，也不需要食堂。

不用铺体育馆的地板，不用买食堂的紫外线消毒机。

如果没有学校，就不需要保安室，也不需要行政办公室，工资支出也少了。

看起来把学校转移到元宇宙是个不错的主意。

2号候选人 严肃凡的教育改革

各位，如果把学校转移到元宇宙，或许可以相应地减少税金。

因为老师也会被人工智能取代，工资支出也会减少。

但各位真的愿意将孩子交给人工智能吗？

学校不仅是孩子们学习知识、获取信息的地方，还是与朋友交往、受老师教诲，培养社会性和品格的地方。

各位！虚拟的东西能完全代替这些功能吗？

人工智能老师……人工智能老师应该没有我们班主任有趣吧。

而且，如果因为人工智能老师的出现导致我们的老师失业，怎么办？

这一点也让我担心。

不能与朋友们见面，这真是个严重的问题。

在元宇宙中交流和真正面对面相处的感受是不可能相同的。

我听过这样一个说法，人与人之间交流时，表情和行为的比重比语言要大得多。

即使元宇宙可以模仿我的表情和行为，也很难做到和我一模一样吧？

电视上两位候选人也展开了激烈的辩论。

 严肃凡候选人 | 如果要在学校用地上建公园、活动中心等设施，就需要建设费用，那这笔费用怎么解决呢？

 高敏南候选人 | 可以通过税收解决，也可以卖掉部分学校用地。还可以将学校用地租给企业，让企业自行开发。

 严肃凡候选人 | 最终还是有大量资金需求，而且还要把国家的土地交给私人开发。这不是让企业使用学校用地进行盈利吗？这只是对企业有利的想法！

高敏南候选人 | 请考虑一下教育需求与供给的不平衡！

比如，有很多学生想学西班牙语，但如果西班牙语老师不够，学生就只能选择其他语言。但在元宇宙中，这个问题不会发生。西班牙的母语者可以直接在元宇宙中教西班牙语，即使师资不足，也可以使用人工智能西班牙语老师！

这种情况下，人们怎么选择呢？

如果我有选举权，我该把票投给谁呢？

最近我一直在认真思考这些问题。

元宇宙报

2050年5月21日

只在元宇宙中结婚的人们

预计出生率将逐渐下降

元宇宙时代，虚拟婚姻逐渐增多

据某国统计局发布的数据显示，今年在元宇宙中虚拟结婚的人数达 301 万，而现实中实际结婚的人数仅为 2 万多，是 20 年前的 10%。

所谓虚拟伴侣，是指在元宇宙中以虚拟身份结婚的人们。他们在元宇宙中使用虚拟化身，像现实中的伴侣一样生活。但在现实中，他们可能素未谋面。

上个月，李秀仁（34 岁，女）与在元宇宙读书讨论会上认识的一个虚拟化身结婚。她

表示："通过读书讨论会发现我们有共同的兴趣爱好，越聊越互相吸引，所以结婚了。"她还说："实际婚姻要考虑经济问题、生育、家庭关系等诸

多因素，但虚拟婚姻只需要考虑两个人的虚拟身份，这很好。"她还透露："周围的人除了睡觉、洗澡、吃饭，大部分时间都在元宇宙中度过，所以他们也想虚拟结婚。"

舆论调查机构的调查结果也支持这一点。在未婚者中，87%的人表示愿意虚拟结婚，但只有24%的人愿意实际结婚。避免实际婚姻的原因包括经济问题、生育和育儿负担、不想被家庭关系束缚等。

某国元宇宙大学社会学系金教授分析道："实际结婚需要买房、生孩子、抚养孩子，经济负担大，且社会活动受限，但虚拟结婚几乎不需要这些费用，因此受到年轻人的青睐。"他说："21世纪中期的'三抛世代'现在已经演变成了'虚拟结婚世代'。""三抛世代"是指放弃"恋爱"、"结婚"和"生育"的一代，是21世纪中期该国的流行词，反映了当代因经济困难而不得不放弃人类本能的年轻一代的现况。

金教授指出："年轻人的情况并没有太大好转。"数据显示，20~30岁年轻人中

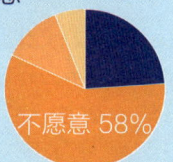

虚拟结婚意愿

愿意　87%
不愿意　9%
不知道　2%
未回答　2%

愿意 87%

实际结婚意愿

愿意　24%
不愿意　58%
不知道　12%
未回答　6%

不愿意 58%

不愿意实际结婚的原因（可多选）

结婚及维持婚姻生活的费用高　77%
对生育及育儿负担的恐惧　71%
对婆媳和翁婿等新家庭关系的担忧　56%
不想被配偶束缚　34%
其他　12%

月收入未达到平均水平的占45%。21世纪中期的就业状况至今仍没有改善，由于缺乏工作机会，尤其是优质工作机会，许多年轻人依然面临经济难题。

金教授认为："虚拟婚姻是在面临经济困难的年轻人中形成的新的婚姻文化。"他担忧地说："逃避实际结婚会导致出生率下降，进而加速人口减少。"他呼吁政府"制定政策，让虚拟婚姻转变为实际婚姻"。

记者：孙硕久

元宇宙时代带来的虚拟婚姻的本质是人们对情感需求的一种实现形式，人们渴望与志趣相投的人构建更深刻的情感。

但不少专家认为，真实的情感慰藉需要回到真实的关系当中去寻找，人其实需要通过跟别人建立各种关系来认识自己，伴侣应是普通的镜子而非加了滤镜的美颜镜头，人需要在冲突中学会划分责任、学会包容、学会反思等等，才能变得更为成熟。

虚拟婚姻中的虚拟伴侣在一定程度上能够给用户带来积极的作用，如缓解用户压力，避免孤独情绪的进一步恶化。但人们也应该认识到虚拟技术也是把双刃剑，当越来越多的人选择虚拟婚姻，选择在线上社交、放弃真实的人际互动，人类个体和人类社会的持续发展将受到一定程度的冲击。

我是真实的吗？

元宇宙是一个我们从未经历过的新世界。

因此，我们可能会出现一些新的疑问。

然而，有些疑问可能并不新鲜。

它们可能与有的人曾提出的问题相似，又或者看起来与有的人已经给出的答案相仿。

我们一起来思考一下这些疑问吧！

疑问　小敏真正需要的是什么？

我在大学医院做了三年的儿童心理咨询。

一天，一位母亲来到了咨询室。

"您的孩子哪里不舒服吗？"

她叹了口气说道：

"我女儿根本不愿意从元宇宙出来。她整天在元宇宙中游荡。"

"看来是沉迷元宇宙了。"我这样想着时，这位母亲又说了下去："她说这个世界可能并不是真实存在的。"这句出乎意料的话让我歪了歪头。

这位母亲递给我一张存储卡。"这是我女儿小敏的元宇宙登录数据。看了这个您就会明白我的话。"

我很快读取了存储卡的内容，查看了小敏曾访问的星球列表。

数据显示小敏与其他沉迷元宇宙的人的情况截然不同。

一般来说，沉迷元宇宙类似旧时的游戏上瘾，上瘾者会集中访问一个或几个星球，甚至忘记上学和睡觉的时间。但是小敏完全没有，她每天准时上学，似乎也在认真听课。

她也并没有利用睡觉时间进入元宇宙。

只是每当有空时，她会不停地访问各种星球。

这些星球也不像是会让女孩上瘾的地方。

我逐个点开视频查看。

小敏会在一个星球内不停地四处走动。

但是，我注意到她有一些特别的行为。

她似乎想要触摸星球上的所有东西。

在被树林包围的"真正的马达加斯加"里，她用手触摸了所有的树木。

当手指被带刺的树刺伤时，她还用另一只手指去触摸流出的鲜血。

"仙女座613"是一个所有建筑物都用宝石装饰的星球。

阳光洒下时，宝石反射阳光，整个星球像夜店的灯光一样闪烁。

小敏在光芒之间跳跃和奔跑，并伸手去触摸这些光彩。

"第45679B-123银河"是一个有大量稀有动物栖息的地方。

小敏不仅抚摸了所有的稀有动物，甚至把手放到动物的粪便上。

她为什么会这样做呢？

为了弄清楚，我决定登录元宇宙去见小敏。

她站在一片有清澈的小溪流过的森林里。

我向小敏表明身份，一边在溪水里洗手，一边说道："哇，真凉爽！"

小敏默默地看着我。

"是吗？凉爽吗？真的吗？"

"嗯！你不觉得凉爽吗？"

小敏呆呆地看着我的手，说道："凉爽。但这真的凉爽吗？"

我疑惑地歪了歪头，小敏面无表情地说道："这里是元宇宙，是虚拟空间。这水是虚拟的水，我也只是一个虚拟化身。那怎么会感到凉爽呢？"

我笑着回答："因为它是这样编程的呀。"

小敏点点头。

"对啊，是程序让我们感到凉爽。这也是虚拟的，但是……"

小敏似乎有很多话想说。

"那么我们在现实中，不，应该说在我们所谓的现实中，我们感觉水凉爽，是因为水真的凉爽吗？会不会也是程序设定的呢？"

在元宇宙中把手放入溪水里会感到凉爽，是因为程序是这样设定的。

但在现实中把手放入溪水里的凉爽感受，是溪水使我们产生的吗？

进一步说，既然元宇宙中的一切都是程序设定的，那我们怎么能确定我们所认为的现实中的一切不是一个程序呢？

小敏又问道："我真的不知道自己是谁，是现在站在你面前的这个虚拟化身是我，还是在房间里戴着眼镜的我是我。"

小敏痛苦地继续说道："所以我在元宇宙中四处游荡。在所谓的现实中，我已经去过了很多地方。问过所有可以问的人。但我找不到答案，也没有人能给我答案。"

小敏含着泪问道："这样的我……需要接受心理治疗吗？"

我摇摇头，然后给她讲了庄周的故事。

中国古代有个哲学家叫庄周。

有一天，他打盹时做了一个梦。

梦中他变成了一只翩翩起舞的蝴蝶。

醒来后的庄周喃喃自语道："这梦为何如此真实？"

他不自觉地低头看了看自己的双肩。

仿佛翅膀还在他肩膀上拍动。

忽然，他有了一个想法。

"莫非是蝴蝶在做梦，梦到变成了我？"

庄周不自觉地自言自语："我是蝴蝶，蝴蝶是我？"

庄周梦蝶

无数画家以庄周的这个梦为题材进行创作。

因为很多人都对庄周的"我是蝴蝶，蝴蝶是我？"的困惑产生了共鸣。

小敏的眼睛亮了起来。

"就像我怀疑我是虚拟化身，还是虚拟化身是我一样，庄周也怀疑自己是蝴蝶，还是蝴蝶是自己！"

我点点头说道："是的。你现在的疑问，与大约 2400 年前的哲学家庄周的疑问是相通的，也与大约 400 年前的哲学家笛卡儿的疑问是相通的。"

笛卡儿曾有过"我是谁？什么是真实？"的困惑。

这些问题是人类历史上一直延续至今的哲学问题。

元宇宙时代让更多人有了类似的疑问。

因此，我们必须共同努力去寻找答案。

"只有这样，我们才能了解自己是谁，了解人类是怎样的存在，并正确理解我们生活的世界。"

显然，小敏需要的不是儿童心理医生，而是一个与她怀有相同疑问和哲学思考的朋友。

就这样，我和小敏约定成为分享彼此困惑的朋友。

让我们进入更高阶!

看完这本书，你对元宇宙有了什么样的
看法呢?
让我们用图形组织器来表达吧!

让我们成为元宇宙设计师吧!
你想在元宇宙中创建什么样的空间?
想想你想要创建的元宇宙吧!

名称：

主题：

特征：

我想
创建的
元宇宙

名称：

主题：

特征：

名称：

主题：

特征：

我想
创建的
元宇宙

名称：

主题：

特征：

从你想创建的元宇宙中选择一个，然后想一想你在这个元宇宙中的作用，据此创建一个角色吧！

_____中我的名字叫_____。

我的作用是_____。

画出我的角色形象。

比较元宇宙中的自己和现实中的自己有什么不同之处，又有什么相同之处。

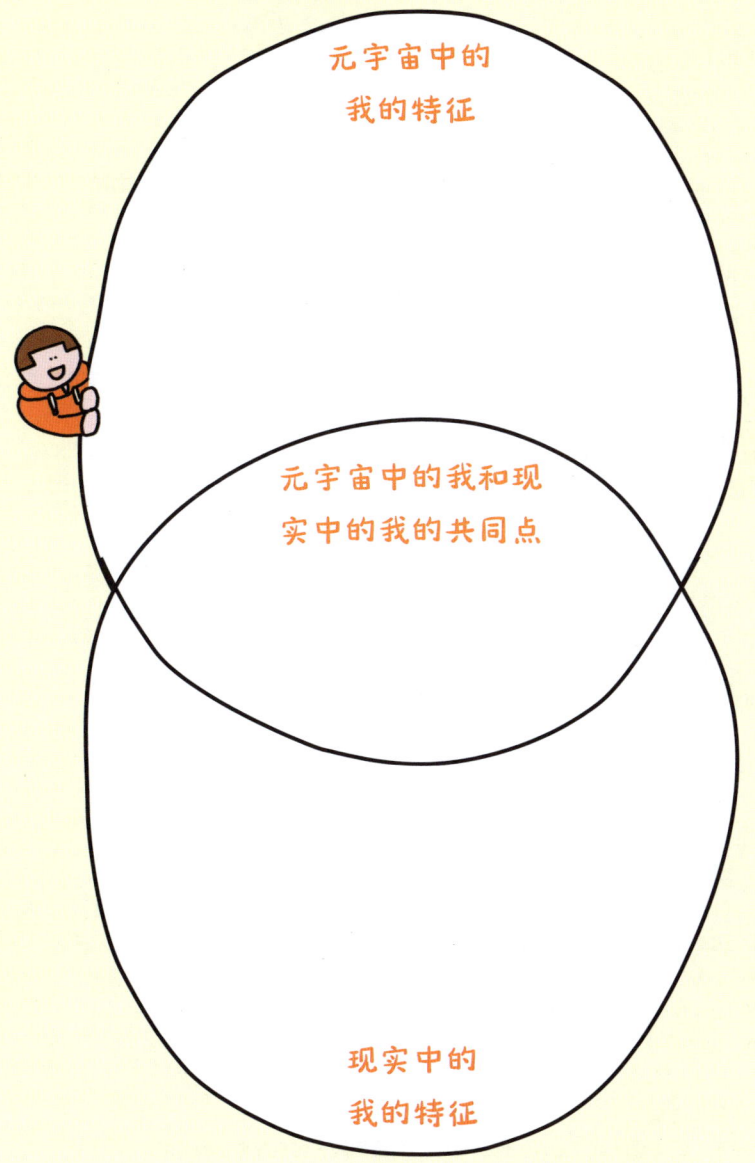

元宇宙中的
我的特征

元宇宙中的我和现
实中的我的共同点

现实中的
我的特征

图书在版编目（CIP）数据

超燃新科技 . 元宇宙 / 大视野科普，易乐文著绘 .
长沙：湖南少年儿童出版社，2025. 5. -- ISBN 978-7
-5562-8192-3

Ⅰ . Z228.1；F49-49

中国国家版本馆 CIP 数据核字第 2025E1A468 号

超燃新科技 · 元宇宙
CHAO RAN XIN KEJI · YUANYUZHOU

出 版 人：刘星保	总 策 划：胡隽宓　罗晓银
策划编辑：吴 蓓	责任编辑：万 伦
文字创作：元钟禹　崔香淑	图画绘制：杰特梅麓
封面设计：FAJUN	内文排版：嘉伟文化
质量总监：阳 梅	营销编辑：罗钢军

出版发行：湖南少年儿童出版社

地　　址：湖南省长沙市晚报大道 89 号　　邮　　编：410016

电　　话：0731-82196320

常年法律顾问：湖南崇民律师事务所　　柳成柱律师

印　　制：长沙新湘诚印刷有限公司

开　　本：889 mm × 1194 mm　1/32　　印　　张：4.5　字　　数：72 千字

版　　次：2025 年 5 月第 1 版　　印　　次：2025 年 5 月第 1 次印刷

书　　号：ISBN 978-7-5562-8192-3

定　　价：25.00 元